Nathalie Ihsen

Betreuungsrecht in leichter Sprache

www.tredition.de

© 2015 Nathalie Ihsen

Verlag: tredition GmbH, Hamburg

ISBN
Paperback: 978-3-7323-4028-6
Hardcover: 978-3-7323-4029-3
e-Book: 978-3-7323-4030-9

Printed in Germany

Das Werk, einschließlich seiner Teile, ist urheberrechtlich geschützt. Jede Verwertung ist ohne Zustimmung des Verlages und des Autors unzulässig. Dies gilt insbesondere für die elektronische oder sonstige Vervielfältigung, Übersetzung, Verbreitung und öffentliche Zugänglichmachung.

Betreuungsrecht in leichter Sprache

Was in diesem Buch steht
Das schwere Wort heißt:
Inhaltsverzeichnis

1. Was ist ein Betreuer?   11 - 12

2. Was ist das Betreuungs- Gesetz   13 - 14

3. Wer bekommt einen Betreuer?   15

4. Wie bekomme ich einen Betreuer?   16 - 19

5. Kann ich mir einen Betreuer wünschen?   20 – 22

6. Kann ich meinen Betreuer wechseln?   23 – 26

7. Wer bezahlt den Betreuer?   27

8. Unterschied rechtlicher Betreuer – sozialer Betreuer   28 - 35

9. Wie viel Zeit hat ein Betreuer für mich?   36 - 39

10. Was darf ein Betreuer?   40 - 42

11. Was darf ein Betreuer nicht?   43 - 45

12. Welche Aufgaben hat ein Betreuer?   46 - 68

    a. Geld- Sachen   49 - 51

    b. Gesundheits- Sachen   52 - 55

    c. Post- Sachen   56 - 57

    d. Behörden- Sachen   58 - 60

    e. Aufenthalts- Sachen   61 - 64

    f. Wohnungs- Sachen   65 - 67

13. Kann ich noch alleine entscheiden?   68 – 71

14. Was bedeutet das schwere Wort „Einwilligungsvorbehalt"?   72 - 78

15. Darf der Betreuer etwas über mich erzählen?   79 - 82

16. Was darf der Betreuer nicht alleine entscheiden?   83 - 86
Das schwere Wort heißt:
Genehmigungs-pflichtige Rechtsgeschäfte

17. Wie verhindere ich eine rechtliche Betreuung?   87 - 99

    a. Vorsorge-Vollmacht   90 – 98

    b. Betreuungs-Verfügung   99

18. Muster–Briefe   102 - 122

19. Wörterbuch - Schwere Worte leicht erklärt   123 - 134

Welche Bedeutung haben die im Buch stehenden Zeichen?

Das schwere Wort heißt: **Legende**

 Gut

 Schlecht

 Erlaubt

 Nicht erlaubt

 ACHTUNG: Gefahr / Wichtig

Das Betreuungsrecht in leichter Sprache

1. Was ist ein rechtlicher Betreuer?

Manche Menschen können nicht alles alleine entscheiden.

Ein rechtlicher Betreuer hilft erwachsenen Menschen.

Er hilft die richtigen Entscheidungen zu treffen.

Erwachsen ist man in Deutschland, an seinem 18. Geburtstag.

Das schwere Wort heißt: **Volljährigkeit**.

Für jüngere Menschen machen das die Eltern oder der Vormund.

Erwachsene Menschen, die Hilfe durch einen Betreuer brauchen, können nicht alles alleine.

Zum Beispiel:

- Können nicht laufen und sitzen im Rollstuhl,
- Können nicht lesen und schreiben,
- Haben Angst vor anderen Menschen
- Alte Menschen

2. Was ist das Betreuungs-Gesetz?

Ein Gesetz sind Regeln.

Diese Regeln gelten für alle Menschen in Deutschland.

Die Regeln für die Betreuung stehen im

Bürgerlichen Gesetzbuch. Man nennt es auch kurz BGB.

Die einzelnen Regeln nennt man

Paragraphen.

Das Zeichen für einen Paragraph

sieht so aus: **§**.

Das Zeichen für viele Paragraphen
sieht so aus: **§§**.

Paragraphen sind einzelne Regeln in einem Gesetz-Buch.

Jeder Paragraph hat eine Nummer.

Die Regeln für die Betreuung stehen in den §§ 1896 bis 1908k.

Diese Regeln sagen uns zum Beispiel:

- Wie man einen Betreuer bekommt,
- Was ein Betreuer für Aufgaben hat,
- Wie ein Betreuer seine Aufgaben machen muss,
- Welche Rechte der Betroffene hat

3. Wer bekommt einen Betreuer?

Einen Betreuer bekommen nur erwachsene Menschen die nicht alles alleine können. Diese Menschen müssen auch Hilfe brauchen.

Zum Beispiel:
- Menschen die geistig behindert sind,
- Menschen die psychisch krank sind,
- Menschen die körperlich behindert sind,
- Menschen die seelisch behindert sind

4. Wie bekomme ich einen Betreuer?

Man kann sich selbst einen Betreuer wünschen.

Auch andere Menschen können sagen, dass jemand Hilfe braucht:

Zum Beispiel:

- Ein Freund
- Ein Nachbar
- Jemand aus der Familie
- Ein Arzt
- Ein Pfleger
- Jemand von der Behörde

Wenn ein anderer Mensch Hilfe braucht, kann jeder die Betreuung anregen.

Die Behörde, die dafür da ist, nennt man Betreuungs-Gericht.

Das Betreuungs-Gericht redet dann mit der Betreuungs- Behörde.

Die Betreuungs- Behörde hat viele Aufgaben.

Zum Beispiel:

- Beratung von Betroffenen
- Beratung von Angehörigen
- Beratung von Betreuern
- Prüfen, ob ein Betreuer gebraucht wird
- Dem Gericht einen Vorschlag für einen Betreuer machen

Die Betreuungs-Behörde redet dann wieder mit dem Betreuungs-Gericht.

Das Betreuungs-Gericht muss dann folgende Arbeit machen:

1. Einen Arzt nach seiner Meinung fragen.
   Das schwere Wort heißt:
   ärztliches Gutachten

2. Den Betroffenen fragen, ob er einen Betreuer möchte.
Das schwere Wort heißt: **Anhörung.**

3. Einen Betreuer fragen, ob er die Betreuung machen möchte.

4. Die Aufgaben des Betreuers festlegen.
Das nennt man **Aufgabenkreis**

5. Dem Betreuer mit einem Brief sagen, dass er nun Betreuer ist.
Das schwere Wort heißt:
Betreuerbestellung

Erst wenn der Betreuer den Brief von dem Gericht bekommen hat ist er Betreuer.

Der Betreuer bekommt in dem Brief auch einen Ausweis.

Das schwere Wort heißt:
Bestellungsurkunde

5. Kann ich mir einen Betreuer wünschen?

Man kann sich eine bestimmte Person als Betreuer wünschen.

oder

Man kann sich wünschen ob es ein Mann oder eine Frau ist

oder

Man kann sich wünschen ob er jung oder alt sein soll.

Das Betreuungs- Gericht wird die Wünsche beachten.

Das Betreuungs- Gericht wird unter-suchen, ob die gewünschte Person auch Betreuer

werden kann.

Das Betreuungs-Gericht wird die

gewünschte Person Fragen, ob sie Betreuer werden möchte.

Manchmal kann es sein, dass die gewünschte Person nicht gut für den Betroffenen ist.

Zum Beispiel:
- Die gewünschte Person ist selber sehr krank
- Oder wohnt sehr weit weg
- Oder die gewünschte Person möchte nicht Betreuer werden

Dann muss das Betreuungs-Gericht eine andere Person suchen.

6. Kann ich meinen Betreuer wechseln?

Man kann einen Betreuer wechseln.

Es gibt dafür viele Gründe.

Zum Beispiel:

- Man ist nicht zufrieden mit dem Betreuer
- Der alte Betreuer wohnt zu weit weg
- Der alte Betreuer hat keine Zeit mehr für mich

Sprechen Sie mit dem Betreuer über die Probleme.

Sagen Sie was Ihnen nicht gefällt.

Manchmal werden die Probleme gelöst.

Manchmal werden die Probleme nicht besser.

Dann Schreiben Sie einen Brief an das Betreuungs-Gericht.

Oder schreiben Sie an die Betreuungs-Behörde.

Oder Sie rufen dort an.

Schreiben Sie was Ihnen nicht gefällt .

Oder sagen Sie was Ihnen nicht gefällt
Das Betreuungs-Gericht muss dann folgende Arbeit machen:

1. Den alten Betreuer fragen ob er einverstanden ist.
   Das nennt man eine **Stellungnahme**.
2. Einen neuen Betreuer suchen

Das Betreuungs-Gericht kann aber auch NEIN sagen.

Zum Beispiel:

- Wenn ein neuer Betreuer nicht gut für Sie ist.
- Wenn der alte Betreuer seine Arbeit richtig macht.
- Wenn der neue Betreuer nichts an dem Problem ändern kann.

Dann gibt es keinen neuen Betreuer.

Das Betreuungs-Gericht muss seine

Entscheidung erklären.

Das nennt man **Begründung**.

7. Wer bezahlt den Betreuer?

Wenn man kein Geld hat müssen Sie nicht bezahlen.

Dann zahlt der Staat den Betreuer.

Das Betreuungs-Gericht kümmert sich, dass der Betreuer Geld bekommt.

Sie müssen nichts tun.

Wenn man mehr Geld hat, muss man den Betreuer selbst bezahlen.

Das ist so, wenn man mehr wie **2600 Euro** hat.

8. Unterschied rechtlicher Betreuer und sozialer Betreuer?

- **Der Rechtliche Betreuer kümmert sich nur um <u>rechtliche</u> Sachen.**

Zum Beispiel:
- Briefe schreiben
- Die Post lesen
- Anträge bei Behörden stellen
- Mit Ärzten sprechen
- Mit den Heimen sprechen
- Rechnungen bezahlen

- **Ein sozialer Betreuer Hilft bei <u>persönlichen</u> Sachen.**

Zum Beispiel:

– Mit-gehen zu dem Einkaufen,

– Mit-gehen zu dem Arzt,

– Ausflüge machen,

– Hilfe bei dem Essen kochen,

- Hilfe bei dem Putzen der Wohnung

- Seelsorge, Lebensbegleitung und Krisenhilfe

Beispiel 1:

Hannes ist geistig behindert und sitzt in einem Rollstuhl.

Hannes hat einen gesetzlichen Betreuer.

Der Betreuer macht Gesundheits-Dinge.

Hannes hat eine soziale Betreuerin.

Nun muss Hannes zum Hausarzt.

Der Arzt nimmt Hannes Blut ab.

Hannes möchte nicht allein zum Arzt.

Wer begleitet Hannes?

Antwort: Die soziale Betreuerin.

Beispiel 2:

Das Blut von Hannes ist krank.

Hannes muss in das Krankenhaus gehen.

Hannes muss sich operieren lassen.

Hannes muss die Operation wollen.

Hannes versteht aber nicht was der Arzt sagt.

Frage: Wer begleitet Hannes in das Kranken-Haus?

Antwort: Der rechtliche Betreuer!

Der rechtliche Betreuer muss mit den Ärzten reden.

Dann muss der rechtliche Betreuer mit Hannes reden.

Hannes muss „Ja" sagen zu der Operation.

Der rechtliche Betreuer muss auch „Ja" sagen.

Dann darf Hannes operiert werden.

Manchmal ist man verschiedener Meinung.
Sie können anders denken.
Und der Betreuer kann anders denken.
Der Betreuer darf Sie dann nicht zwingen.
Sie entscheiden selbst.

Beispiel 3:

Hannes möchte keine Operation.
Der Betreuer möchte eine Operation für Hannes.

Der Betreuer darf Hannes nicht zwingen!

⚠ **A B E R:**

Hannes stirbt ohne die Operation.
Er kann nur mit Operation leben.

⚠ Die Gesundheit und das Leben sind in Gefahr.

Dann darf der Betreuer gegen den Willen von Hannes entscheiden.

Der Betreuer muss aber das Betreuungs-Gericht fragen.

Das Betreuungs-Gericht muss dann folgende Arbeit machen.

- Prüfen ob die Operation gut für Hannes ist.

- Oder ob die Operation schlecht für Hannes ist.

- Dazu fragt er einen Arzt.
  Das schwere Wort heißt:
  ärztliches Gutachten.

Ist die Operation gut 👍 wird Hannes operiert.

Ist die Operation schlecht 👎 wird Hannes nicht operiert.

Das ist zum Schutz von Hannes.

Der Betreuer macht das um Hannes zu helfen.

Der Betreuer meint das nicht böse.

9. Wie viel Zeit hat ein Betreuer für mich

Im 1.-3. Monat?

Am Anfang hat der Betreuer mehr Zeit.

Wenn ich im Heim wohne und <u>kein</u> Geld habe: 4,5 Stunden.

Wenn ich zuhause wohne und <u>kein</u> Geld habe: 7 Stunden

Nach 4 Monaten

Wenn ich im Heim wohne und <u>kein</u> Geld habe: 3,5 Stunden

Wenn ich zuhause wohne und <u>kein</u> Geld habe: 5,5 Stunden

Nach 6 Monaten

Wenn ich im Heim wohne und <u>kein</u> Geld habe: 3 Stunden

Wenn ich zuhause wohne und <u>kein</u> Geld habe: 5 Stunden

Nach 1 Jahr

Wenn ich im Heim wohne und <u>kein</u> Geld habe: 2 Stunden.

Wenn ich zuhause wohne und <u>kein</u> Geld habe: 3,5 Stunden

Wenn viel Arbeit ist, arbeitet der Betreuer länger.

Wenn wenig Arbeit ist, arbeite der Betreuer kürzer.

In schwere Sprache heißt das: **pauschale Stunden**

In der Zeit erledigt der Betreuer viele Sachen.

Zum Beispiel:
- Geld- Sachen
- Post- Sachen
- Schreib- Sachen
- Behörden- Sachen

Zu Besuch kommt der Betreuer regelmäßig.

Das kann öfter sein.

Oder auch seltener.

Das ist unterschiedlich.

Wenn Sie Besuch von Ihrem Betreuer möchten:

Schreiben Sie einen Brief.

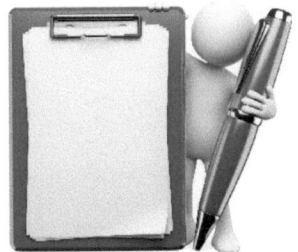

Oder rufen an.

Sagen Sie, dass Sie Besuch möchten.

10. Was darf ein Betreuer?

Zum Beispiel:

- 😊 Geld einteilen
- 😊 Das Konto anschauen
- 😊 Geld überweisen
- 😊 Haus oder Wohnung verkaufen

} Mit Aufgabe Geld-Sachen

- 😊 Mit dem Arzt reden
- 😊 Mit den Pflegern sprechen
- 😊 Einer Behandlung zustimmen

} Mit Aufgabe Gesunheits-Sachen

- 😊 Briefe lesen
- 😊 Briefe öffnen

} Mit Aufgabe Post-Sachen

- 😊 Verträge kündigen
- 😊 Verträge schließen
- 😊 Briefe schreiben
- 😊 Anträge stellen

} Mit Aufgabe Behörden-Sachen

Ein Beispiel:

Lisa hat einen Betreuer.

Der Betreuer hat die Aufgabe Gesundheits-Sachen.

Der Betreuer **darf**:
- 😊 Mit dem Arzt von Lisa reden.
- 😊 Mit den Pflegern von Lisa reden.
- 😊 Einer Behandlung von Lisa zustimmen.

Der Betreuer **darf nicht**:
- ☹️ Lisas Konto anschauen
- ☹️ Lisas Geld überweisen
- ☹️ Lisas Geld einteilen

Manche Sachen kann der Betreuer nicht alleine entscheiden.

Er muss das Betreuungs-Gericht fragen.

Das Betreuungs-Gericht muss es erlauben.

Das schwere Wort heißt: **Genehmigung**

Welche Aufgaben das sind, erkläre ich ab Seite 86.

11. Was darf ein Betreuer nicht?

Zum Beispiel:

- Bestimmen was Sie im Fernsehen anschauen
- Aufgaben erledigen, für die er nicht zuständig ist
- Bestimmen was Sie anziehen
- Bestimmen wohin Sie in Urlaub gehen

☹ Bestimmen was Sie von Ihrem Taschengeld kaufen

☹ Er darf Ihnen nichts verheimlichen

☹ Er darf Sie zu nichts zwingen

☹ Er darf nichts machen, womit Sie nicht einverstanden sind

⚠ <u>**Außer: Wenn Ihre Gesundheit oder Ihr Leben in Gefahr ist.**</u>

⚠️ <u>Oder: Sie die Gesundheit eines Anderen gefährden.</u>

12. Welche Aufgaben hat ein Betreuer

Das schwere Wort heißt: **Aufgabenkreis**

Ein Betreuer hilft nur bei Aufgaben die Sie nicht allein können.

Darum ist es wichtig heraus-zu-finden:

- Welche Sachen kann ich selbst?
- Welche Sachen kann ich nicht?
- Welche Sachen kann ich nur mit Hilfe?

Um das heraus-zu-finden fragt man:

- Sie selbst
- Einen Arzt. Der Arzt redet mit Ihnen.
  Das schwere Wort heißt:
  ärztliches Gutachten.
- Familie, Freunde, Nachbarn
- Pfleger, sozialer Betreuer

Nun weiß man, bei welchen Aufgaben Sie Hilfe brauchen.

Das Betreuungs-Gericht legt die Aufgaben des Betreuers fest.

Das Betreuungs-Gericht fragt Sie davor ob Sie einverstanden sind.

Das schwere Wort heißt: **Anhörung**

→Der Betreuer weiß jetzt bei welchen

Aufgaben er Helfen darf.

Es gibt verschiedene Aufgaben eines

Betreuers.

Zum Beispiel:
- Geld-Sachen
- Post-Sachen
- Gesundheits-Sachen
- Behörden-Sachen

a. Geld-Sachen

Das schwere Wort heißt: **Vermögens-Sorge**

- Der Betreuer hilft das Geld
- einzuteilen.
- Der Betreuer bezahlt Rechnungen.
- Der Betreuer redet mit der Bank.

Ein Beispiel:

Marco bekommt Lohn von der Behinderten- Werkstatt.

Das Geld ist am Anfang vom Monat auf dem Konto.

Marco kauft sich für das ganze Geld ein Spiel.

Nun hat Marco kein Geld mehr für Essen.

→ Marco braucht Hilfe das Geld
  ein-zu-teilen.
→ Marco bekommt einen Betreuer.
→ Der Betreuer hat die Aufgabe
  Geld- Sachen.

Der Betreuer von Marco hilft ihm den Lohn ein-zu-teilen.

Durch die Hilfe des Betreuers hat Marco immer Geld für Essen.

Der Betreuer hilft Marco zu sparen.

Damit kann sich Marco das Spiel kaufen.

Wer passt auf, dass der Betreuer mit dem Geld von Marco alles richtig macht?

Das Betreuungs- Gericht prüft den Betreuer.
Das schwere Wort heißt: **Rechnungslegung**

Das Betreuungs-Gericht prüft ob der Betreuer alles richtig macht.

Der Betreuer muss dem Betreuungs-Gericht alles zeigen was er mit dem Geld von Marco gemacht hat.

Das Betreuungs-Gericht macht das zum Schutz von Marco.

So kann Marco sicher sein, dass der Betreuer kein Geld verschenkt.

b. Gesundheits-Sachen

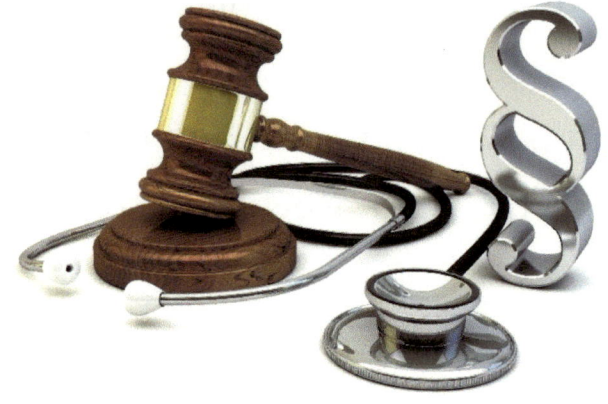

Das schwere Wort heißt:

Gesundheits-Fürsorge

- Der Betreuer redet mit Ärzten
- Der Betreuer regelt Sachen mit der Kranken-Kasse
- Der Betreuer kann Ihre Wünsche bei den Ärzten durch-setzen wenn Sie nicht mehr reden können.
- Der Betreuer kann entscheiden ob eine Operation gut für Sie ist. Er muss Sie aber fragen ob Sie das möchten.

Ein Beispiel:

Anna ist krank.

Anna kann das Essen nicht mehr schlucken.

Anna ist schon sehr dünn.

Anna muss das Essen durch den Bauch bekommen.

Anna braucht eine Operation am Bauch.

Anna hat Angst vor Gesprächen mit dem Arzt.

→ Anna braucht Hilfe in **Gesundheits-Sachen**.

→ Anna bekommt einen Betreuer

→ Der Betreuer hat die Aufgabe **Gesundheits-Sachen**.

Der Betreuer kann mit dem Arzt von Anna reden.
Der Betreuer redet mit Anna.
Anna möchte die Operation.
Der Betreuer möchte die Operation auch damit es Anna besser geht.
Der Betreuer darf die Operation erlauben.

Anna bekommt nun Essen durch den Bauch.
Anna hat keinen Hunger mehr.
Anna ist nicht mehr zu dünn.

Manche Menschen sind sehr krank.
Eine Operation kann sehr gefährlich sein.
Gefährlich für das Leben.
Und für die Gesundheit.
Dann kann der Betreuer nicht alleine entscheiden.
Er muss das Betreuungs-Gericht fragen.
Das schwere Wort heißt: **Genehmigung**.

c. Post-Sachen

Das schwere Wort heißt:

Post- und Fernmelde-verkehr

- Der Betreuer darf Briefe öffnen.
- Der Betreuer kann die Briefe beantworten
- Briefe von Freunden oder Familie darf der Betreuer nicht behalten

    Das schwere Wort heißt: **private** Post.

Manche Menschen können nicht lesen.

Oder sie können nicht schreiben.

Diese Menschen wissen dann nicht was zu tun ist.

Dann hilft der Betreuer.

Ein Beispiel:

Frank kann nicht lesen.

Er kann auch nicht schreiben.

Frank bekommt Briefe.

Frank weiß aber nicht was darin steht.

Er kann also keine Antwort schreiben.

→ Frank braucht Hilfe bei Post-Sachen.

→ Frank bekommt einen Betreuer.

→ Der Betreuer hat die Aufgabe Post-Sachen.

Der Betreuer kann die Briefe von Frank lesen.

Der Betreuer kann Frank sagen, was in den Briefen steht.

Der Betreuer kann auf die Briefe antworten.

d. Behörden-Sachen

Das schwere Wort heißt:

Behörden-Angelegenheiten

- Der Betreuer kann Sachen beantragen
- Der Betreuer darf Briefe von Behörden Lesen
- Der Betreuer darf Briefe an Behörden schreiben

Manche Menschen können nicht arbeiten.
Dann haben sie kein Geld.

Dann müssen sie Geld beantragen.
Ein Beispiel:

Peter sitzt im Rollstuhl.

Peter kann nicht arbeiten.

Peter hat kein Geld um Essen zu kaufen.

Peter muss auch die Wohnung bezahlen.

Peter braucht Geld von der Behörde.

Peter muss das Geld beantragen.

Peter kann aber nicht schreiben.

→ Peter braucht Hilfe bei **Behörden-Sachen**.

→ Peter bekommt einen Betreuer.

→ Der Betreuer hat die Aufgabe **Behörden-Sachen**.

Der Betreuer kann für Peter Geld beantragen.

Der Betreuer schreibt der Behörde.

Peter bekommt nun Geld von der Behörde.

Peter kann Essen kaufen.

Peter kann die Wohnung bezahlen.

e. Aufenthalts-Sachen

Das schwere Wort heißt:

Aufenthalts-bestimmungs-Recht

- Der gesetzliche Betreuer entscheidet zusammen mit Ihnen wo Sie wohnen.

!! WICHTIG: Der Betreuer darf Sie nicht zwingen!!

<u>Außer: Wenn Ihre Gesundheit oder Ihr Leben in Gefahr ist.</u>

Ein Beispiel:

Hans ist 90 Jahre alt.

Hans lebt allein in seiner Wohnung.

Hans vergisst alle Sachen.

Hans vergisst zu Essen und zu trinken.

Hans vergisst auch den Herd aus zu schalten.

Die Gesundheit und das Leben von Hans sind in Gefahr.

→ Es könnte ein Feuer ausbrechen.
Weil Hans den Herd nicht aus-macht.

→ Hans könnte verdursten oder verhungern.
Weil er vergisst zu trinken und zu essen.

Der Betreuer von Hans hat die Aufgabe
Aufenthalts-Sachen.
Der Betreuer hat Angst, dass Hans etwas passiert.
Der Betreuer findet, dass Hans nicht mehr allein in der Wohnung leben kann.

Hans muss in ein Altenheim.

Das will Hans nicht.

Hans möchte in seiner Wohnung bleiben.

 Das ist gefährlich für das Leben und die Gesundheit von Hans.

Der Betreuer entscheidet, dass Hans in ein Altenheim gehen muss.

Das will Hans nicht.

Der Betreuer entscheidet gegen den Willen von Hans.

Dann muss er das Betreuungs- Gericht um Erlaubnis fragen.

Das Gericht entscheidet ob Hans in das Heim gehen muss.

Das schwere Wort heißt:

Unterbringungs- Beschluss

f. Wohnungs-Sachen

Das schwere Wort heißt:
Wohnungs-Angelegenheiten

- Der Betreuer kann einen Wohnungs-Vertrag unterschreiben

- Der Betreuer kann einen Wohnungs-Vertrag kündigen.
  Hierzu braucht er aber die Erlaubnis von dem Betreuungs-Gericht.
  Das schwere Wort ist **Genehmigung**.

- Der Betreuer organisiert das leer-räumen der Wohnung.
  Hierzu brauch er aber die Erlaubnis von dem Betreuungs-Gericht.
  Das schwere Wort ist **Genehmigung**.

Zum Beispiel:

Karl wohnt allein in seiner Wohnung.

Karl möchte in ein Altenheim umziehen.

Karl weiß nicht wie er das machen soll.

→ Karl braucht Hilfe in **Wohnungs- Sachen**

→ Karl bekommt einen Betreuer

→ Der Betreuer hat die Aufgabe **Wohnungs- Sachen**.

Der Betreuer kann die Wohnung von Karl kündigen.

Das Betreuungs- Gericht hat das erlaubt.

Der Betreuer hat für Karl einen guten

Heim-Platz gefunden.
Der Betreuer gibt dem Vermieter die Wohnung zurück
Karl kann nun umziehen.

13. Kann ich noch allein entscheiden?

Das schwere Wort heißt: **Geschäftsfähigkeit**

Sie können <u>ohne</u> Betreuer alleine über Ihr Leben entscheiden.

Und Sie können <u>mit</u> Betreuer alleine über Ihr Leben entscheiden.

Die Betreuung ändert daran nichts.

In schwere Sprache heißt das:
Die Betreuung ändert nichts an der Geschäftsfähigkeit des Betreuten.

!! Sie entscheiden selbst über Ihr Leben!!

Das schwere Wort heißt:

Selbst-Bestimmung

Manche Menschen können nicht mehr alleine entscheiden.

Zum Beispiel:
- Menschen die nicht mehr sprechen können.
- Menschen die im Koma liegen.
- Menschen die nicht verstehen, was sie entscheiden sollen.
- Menschen die nicht NEIN sagen können.

Dann entscheidet der Betreuer.

- Der Betreuer muss Ihre Wünsche beachten
- Ihre Wünsche dürfen nicht gefährlich sein
- Ihre Wünsche dürfen Ihnen nicht schaden
- Die Entscheidung muss zu Ihrem Wohl sein

Ein Beispiel:

Martin wünscht sich ein neues Telefon.

Martin hat kein Geld.

Der Betreuer kann Martin den Wunsch nicht erfüllen.

Weil Martin kein Geld hat.

Martin könnte kein Essen mehr kaufen.

Martin hätte Hunger.

Hunger ist gefährlich.

→ Der Wunsch würde Martin schaden.

→ Der Wunsch kann nicht erfüllt werden.

→ Martin muss erst Geld sparen.

→ Der Betreuer hilft Martin bei dem Sparen.

14. Was bedeutet das schwere Wort „Einwilligungs-Vorbehalt"?

Manche Menschen treffen Entscheidungen die nicht gut sind.

Diese Entscheidungen schaden diesen Menschen.

Das ist gefährlich.

Ein Beispiel:

Anton lebt in einer Wohnung.

Bei Anton klingeln viele fremde Menschen.

Diese Menschen wollen Anton Sachen verkaufen.

Anton kann nicht NEIN sagen.

Er hat Angst davor.

Anton kauft daher viele Sachen.
Anton möchte die Sachen aber nicht haben.

→ Anton braucht Schutz.

Diesen Schutz nennt man **Einwilligungsvorbehalt**.

Der Betreuer muss den Schutz beantragen.
Dazu schreibt er einen Brief an das Gericht.

Das Betreuungs-Gericht hat dann folgende Aufgabe:

- Anton fragen ob er einverstanden ist

  Das schwere Wort heißt: **Anhörung**
- Anton von einem Arzt untersuchen lassen

  Das schwere Wort heißt:

  ärztliches Gutachten.
- Eine andere Person fragen ob der Schutz notwendig ist

  Diese Person heißt in schwere Sprache: **Verfahrenspfleger**
- Eine Entscheidung treffen.
  Das schwere Wort heißt: **Beschluss**.

Anton hat nun einen Schutz bei diesen Sachen.

Das schwere Wort heißt:
Einwilligungs-Vorbehalt bei dem Abschluss von Verträgen.

Wie hilft der Schutz?
- Anton kann Sachen kaufen.
- Der Kauf gilt nur, wenn der Betreuer JA sagt.
- Wenn der Betreuer NEIN sagt, gilt der Kauf nicht.
  Anton muss die Sachen dann nicht bezahlen.

<u>Anton kann keine Sachen ohne die Erlaubnis des Betreuers kaufen.</u>

Was ist GUT an dem Schutz?

☺ Anton kauft keine Sachen die er nicht will.

☺ Anton spart viel Geld. Weil er keine un-nötigen Sachen mehr kauft.

☺ Anton muss keine Angst mehr haben NEIN zu sagen. Das macht der Betreuer für Anton.

Was ist SCHLECHT an dem Schutz?

☹ Anton muss den Betreuer fragen ob er manche Sachen kaufen darf.

☹ Anton kann allein kein Vertrag mehr abschließen.

☹ Anton kann nicht mehr alles alleine entscheiden. Das schwere Wort heißt: **beschränkt Geschäftsfähig**.

Der Schutz wirkt aber nur bei den **Vertrags- Sachen**.

Bei anderen Sachen können Sie alleine über Ihr Leben entscheiden.

Den Schutz gibt es auch für andere Sachen. Zum Beispiel **Geld- Sachen**.

15. Darf der Betreuer etwas über mich erzählen?

Sie können ihrem Betreuer jedes Geheimnis verraten.

Der Betreuer darf das niemandem verraten.

Das schwere Wort heißt: **Schweigepflicht**

Die Schweigepflicht ist im Gesetzt geregelt.

Der Betreuer darf nicht gegen das Gesetzt verstoßen.

Ein Beispiel:

Julia hat Angst vor Menschen.
Das erzählt sie ihrer Betreuerin.
Die Betreuerin darf das niemandem verraten.
Auch nicht der Mutter von Julia.
Und nicht dem Vater.

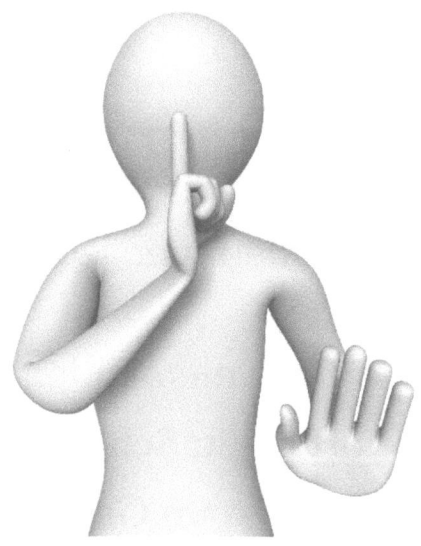

Der Betreuer weiß sehr viel über Sie.

Zum Beispiel:

- Ihre Adresse
- Wann Sie Geburtstag haben
- Welche Religion Sie haben
- Wie Ihre Eltern heißen
- Wo Sie Ihr Konto haben
- Wie viel Geld Sie haben

In schwerer Sprache heißt das:
persönliche Daten.

Der Betreuer darf das niemandem verraten.
Das schwere Wort heißt: **Datenschutz**

Der Datenschutz ist im Gesetz geregelt.
Der Betreuer darf nicht gegen das Gesetz verstoßen.

16. Was darf der Betreuer nicht alleine entscheiden?

Das schwere Wort heißt:

Genehmigungs-pflichtige Rechts-Geschäfte

Manche Sachen darf der Betreuer nicht alleine entscheiden.
Er muss das Betreuungs-Gericht um Erlaubnis fragen.
In schwerer Sprache heißt das:
Genehmigung.

Zum Beispiel:
  a) Geld- Sachen:

- Wenn ein Haus verkauft werden muss
- Oder eine Wohnung

- Wenn ein Sparbuch eröffnet werden soll
- Oder aufgelöst werden soll
- Wenn viel Geld auf die Bank muss

In schwerer Sprache heißt das:

Geld anlegen

- Wenn man sich Geld von der Bank leiht.
  In schwere Sprache heißt das:
  Darlehen.

b) Gesundheits-Sachen:

- Bei <u>sehr</u> gefährlichen Operationen
- Bei <u>sehr</u> gefährlichen Medikamenten
- Bei <u>sehr</u> gefährlichen Untersuchungen

<u>Sehr gefährlich bedeutet:</u>
⚠   Gefahr für das Leben
⚠   Gefahr für die Gesundheit

- Für ein Gitter am Bett
  Das schwere Wort heißt: **Bettgitter**
- Für einen Gurt am Rollstuhl. Das man nicht alleine aufstehen kann
  Das schwere Wort heißt: **Fixierung**.
- Wenn man die Tür im Heim abschließt

c) Sonstige Sachen:

- Wenn man ein Erbe nicht möchte
  Das schwere Wort heißt:
  Ausschlagung einer Erbschaft
- Kündigung der Wohnung

Das sind die wichtigsten Sachen.

Sie kommen oft vor.

Es gibt noch andere Sachen.

Die kommen nicht oft vor.

Deshalb stehen sie nicht im Buch.

17. Wie verhindere ich eine rechtliche Betreuung?

Manche Menschen können nicht mehr selbst entscheiden.

Sie können wichtige Entscheidungen für Ihr Leben nicht mehr selbst treffen.

Zum Beispiel:
- Wenn sie schwer krank sind
- Wenn sie einen Unfall hatten.
- Wenn sie eine Behinderung bekommen.

Dann muss jemand anders für Sie entscheiden.

Zum Beispiel:

- Eltern
- Kinder
- Geschwister
- Freunde

Dazu brauchen die Menschen Ihre Erlaubnis.
Eine Erlaubnis nennt man **Vollmacht**.
Ohne Ihre Erlaubnis dürfen die Menschen Ihnen nicht helfen.
Wenn Sie keine Erlaubnis erteilt haben bekommen Sie einen Betreuer.
Um das zu verhindern müssen Sie eine Erlaubnis schreiben.

⚠️ WICHTIG!!

Die Erlaubnis müssen Sie schreiben **bevor** Sie krank werden.

Das nennt man **Vorsorge**.

So setzt sich das Wort **Vorsorge- Vollmacht** zusammen.

a. Vorsorge- Vollmacht

Mit einer **Vorsorge- Vollmacht** geben Sie anderen Menschen die Erlaubnis wichtige Entscheidungen für Sie zu treffen.
Wenn Sie selbst nicht mehr entscheiden können.

<u>Wenn Sie eine Vorsorge-Vollmacht geschrieben haben brauchen Sie keinen Betreuer!</u>
(Nur ganz selten braucht man trotzdem einen Betreuer.)
Sie können einer Person die Erlaubnis geben.
Oder mehreren Personen.
Die Erlaubnis muss wirksam sein.
Dazu muss sie geschrieben sein.

Sie können die Erlaubnis von Hand schreiben.

Oder mit dem Computer.

Oder Sie fragen eine andere Person um Hilfe.

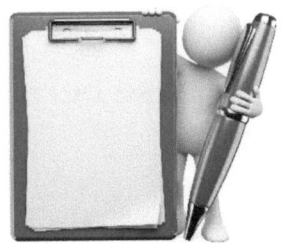

WICHTIG:

 Lesen Sie die Vollmacht gut durch!

 Überprüfen Sie, dass alles richtig ist!

 Schreiben Sie das Datum drauf!

 Wenn alles richtig ist unterschreiben Sie die Vollmacht!

Jetzt ist die Vorsorge-Vollmacht wirksam.

Sie können die **Vorsorge-Vollmacht** der Person in die Hand geben.

Oder Sie bewahren diese bei sich zuhause auf.

Sagen Sie der Person wo die **Vorsorge-Vollmacht** ist.

Dann kann die Person die **Vorsorge-Vollmacht** holen, wenn Sie einen Unfall haben. Oder krank werden.

 Die Person darf nur für Sie entscheiden, wenn er die Vorsorge-Vollmacht in der Hand hat.

Was steht in einer Vollmacht?

Zum Beispiel:

- **Geld- Sachen**

Das schwere Wort heißt:
Vermögens-Sorge

Die Person mit dieser Erlaubnis darf:

- Geld vom Konto abheben.
- Rechnungen bezahlen.

- **Gesundheits- Sachen**

Das schwere Wort heißt:
Gesundheits-Fürsorge

Die Person mit dieser Erlaubnis darf:

- Mit den Ärzten sprechen
- Über eine Operation entscheiden
- Über eine Untersuchung entscheiden
- Über Medizin entscheiden

- **Post-Sachen**

Das schwere Wort heißt:
Post- und Fernmelde-verkehr

Die Person mit dieser Erlaubnis darf:

- Briefe aufmachen
- Briefe lesen

- **Aufenthalts-Sachen**

Das schwere Wort heißt:
Aufenthalts-Bestimmungs-Recht
Die Person mit dieser Erlaubnis darf:

- Bestimmen wo sie wohnen.

- **Behörden- Sachen**

Das schwere Wort heißt:
Behörden- Angelegenheiten

Die Person mit dieser Erlaubnis darf:

- Geld für Sie beantragen
- Briefe an Behörden schreiben
- Briefe von Behörden beantworten
- Einen Behinderten-Ausweis beantragen
- Rente beantragen

⚠️ **WICHTIG:**

 Sie müssen der Person vollständig vertrauen.

Wenn Sie krank sind können Sie die Personen nicht mehr kontrollieren!

Das Betreuungs-Gericht kontrolliert die Erlaubnis nicht.

Weil es eine private Erlaubnis ist.

Wie lange gilt die Vorsorge- Vollmacht?

Sie können die Vorsorge-Vollmacht jeden Tag zurück-nehmen.

Das schwere Wort heißt: **Widerruf.**

 WICHTIG:
> Dazu müssen Sie die Vorsorge-Vollmacht von der Person zurück fordern.

Wenn Sie die Vorsorge-Vollmacht nicht zurück-nehmen gilt sie weiter.

Sie gilt bis Sie sterben.

Sie kann auch noch nach Ihrem Tod gelten.

Wie lange die Vorsorge- Vollmacht gelten soll entscheiden Sie selbst.

b. Betreuungs- Verfügung

Mit einer Betreuungs- Verfügung bestimmen Sie wer Ihr Betreuer werden soll.

Zum Beispiel:
- Eltern
- Kinder
- Geschwister
- Freunde
- Bekannte

Das Betreuungs- Gericht muss Ihre Wünsche berücksichtigen.

Außer Ihr Wunsch ist nicht gut für Sie.

Oder die Wunsch-Person kann Sie nicht betreuen.

Dann sucht das Betreuungs-Gericht eine andere Person.

Mit einer Betreuungs- Verfügung können Sie selbst bestimmen wer Ihr Betreuer wird.

Jetzt verstehe ich das Betreuungs-Recht

Das war leicht!

18. Beispiele für Briefe

Die Briefe dienen als Vorlage für Ihre Briefe.

Das schwere Wort heißt:

Musterbriefe

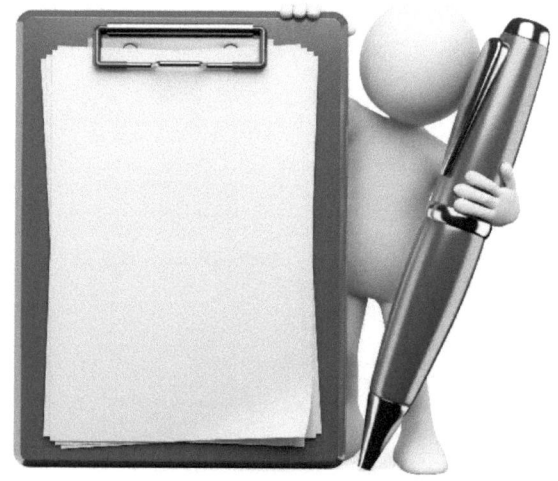

Vorsorge-Vollmacht

Von:

Martha Müller,

geboren am 12.06.1958

Hans- Straße 15

12345 Muster- Hausen

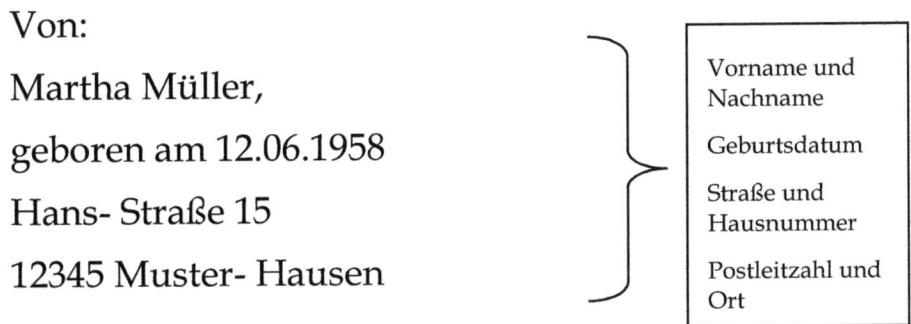

Vorname und Nachname

Geburtsdatum

Straße und Hausnummer

Postleitzahl und Ort

Wenn ich wichtige Entscheidungen über mein Leben nicht mehr selbst treffen kann.

Zum Beispiel:
- Wenn ich einen Unfall habe.
- Oder krank werde.

Dann soll meine Schwester:

Anne Müller geboren am 12.11.1964

Müller- Straße 2

12345 Muster-Hausen

für mich entscheiden.

Ich habe großes Vertrauen zu meiner Schwester Anne.

Ich möchte, dass meine Schwester bei den folgenden Sachen entscheidet:

- Geld- Sachen
- Gesundheits- Sachen
- Entscheiden wo ich lebe- Aufenthalts- Sachen
- Wohnungs- Sachen
- Post- Sachen
- Behörden- Sachen

Wenn ich einen Betreuer brauche,

dann soll das meine Schwester Anne werden.

Wenn meine Schwester Anne nicht kann,

dann soll eine andere Frau meine Betreuerin werden.

Ich habe zu Frauen mehr Vertrauen.

Ich möchte keinen Mann als Betreuer.

Die Vorsorge- Vollmacht soll gelten bis ich sie zurück nehme.

Wenn ich sterbe soll meine Schwester Anne alles regeln.

- Meine Beerdigung
- Meine Geld- Sachen
- Meine Post- Sachen
- Meine Behörden- Sachen

Als ich die Vorsorge- Vollmacht geschrieben habe war ich nicht krank.

Ich weiß, was in meiner Vorsorge-Vollmacht drin steht.

Das habe ich alles verstanden.

Die Folgen meiner Vorsorge Vollmacht kenne ich.

Beim Schreiben der Vorsorge- Vollmacht hat mir mein Pfleger Herr Schuster geholfen.

Muster- Hausen, 23.05.2014

Martha Müller
―――――――――――――――――――
Martha Müller

> ⚠ **<u>Unterschrift</u>** und **<u>Datum</u>** nicht vergessen!!!!!

Brief an Betreuungs-Gericht.

Ich möchte einen rechtlichen Betreuer.

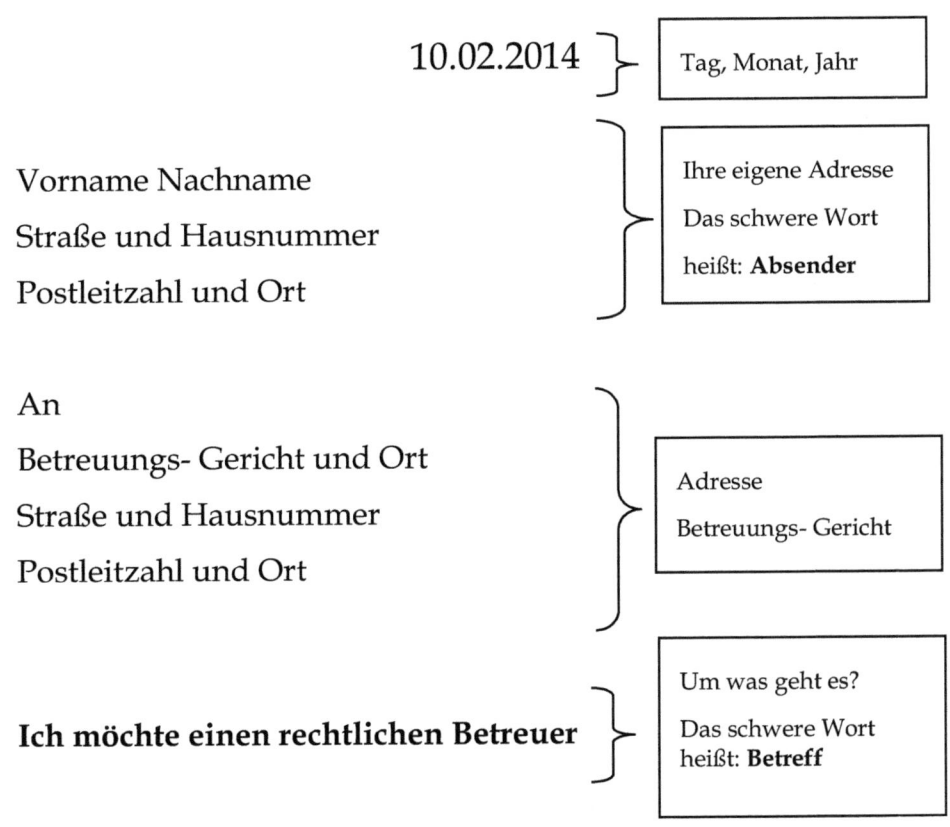

Sehr geehrter Herr Muster,

ich brauche Hilfe.
Ich muss Geld bei der Behörde beantragen.
Ich kann das nicht alleine.
Dazu brauche ich Hilfe.

Beschreiben Sie Ihr Problem genau!

Ich möchte einen rechtlichen Betreuer.

Mit freundlichen Grüßen

Kurt Berg

Brief an Betreuungs- Gericht.

Ich brauche einen Schutz bei Geld- Sachen.

Das schwere Wort heißt:

Antrag auf Einwilligungsvorbehalt

10.02.2014

Vorname Nachname

Straße und Hausnummer

Postleitzahl und Ort

An

Betreuungs- Gericht und Ort

Straße und Hausnummer

Postleitzahl und Ort

Ich brauche Schutz bei Geld- Sachen

Sehr geehrter Herr Muster,

ich habe einen Betreuer.

Der Hilft mir bei Geld- Sachen.
Trotzdem kaufe ich oft Sachen,
die ich nicht bezahlen kann.

Ich kann nicht „NEIN" sagen.
Darum brauche ich einen Schutz bei Geld- Sachen.

Mit freundlichen Grüßen

Kurt Berg

Brief an Betreuungs- Gericht.
Ich brauche keinen Betreuer mehr.

10.02.2016

Vorname Nachname
Straße und Hausnummer
Postleitzahl und Ort

An
Betreuungs- Gericht und Ort
Straße und Hausnummer
Postleitzahl und Ort

Ich brauche keinen Betreuer mehr!

Sehr geehrter Herr Muster,
brauche keinen Betreuer mehr.
Ich kann nun wieder alles alleine.
Bitte heben Sie die Betreuung auf.
Mit freundlichen Grüßen

Kurt Berg

Brief an Betreuungs- Gericht.
Ich möchte einen neuen Betreuer!

10.02.2014

Vorname Nachname

Straße und Hausnummer

Postleitzahl und Ort

An

Betreuungs- Gericht und Ort

Straße und Hausnummer

Postleitzahl und Ort

Ich möchte einen neuen Betreuer

Sehr geehrter Herr Muster,

ich bin nicht zufrieden mit meinem Betreuer.

Er hat Sachen gemacht, die ich schlecht finde.
Das finde ich nicht gut.

Ich habe schon mit meinem Betreuer darüber ge-sprochen.
Das Problem ist aber immer noch da.
Ich möchte einen neuen Betreuer.

Mit freundlichen Grüßen

Kurt Berg

Brief an Betreuungs- Gericht.
Ich brauche weniger Hilfe.
Das schwere Wort heißt:
Aufhebung eines Aufgabenkreises

10.02.2014

Vorname Nachname
Straße und Hausnummer
Postleitzahl und Ort

An
Betreuungs- Gericht und Ort
Straße und Hausnummer
Postleitzahl und Ort

Ich brauche weniger Hilfe!

Sehr geehrter Herr Muster,

ich habe einen Betreuer.

Er hilft mir bei Geld- Sachen.

Und er hilft mir bei Gesundheits- Sachen.

Ich brauche jetzt nur noch Hilfe bei Geld- Sachen.

Bei Gesundheits- Sachen brauche ich keine Hilfe mehr.

Mit freundlichen Grüßen

Brief an Betreuungs- Gericht.
Ich brauche mehr Hilfe.
Das schwere Wort heißt:
Erweiterung des Aufgabenkreises

10.02.2014

Vorname Nachname
Straße und Hausnummer
Postleitzahl und Ort

An

Betreuungs- Gericht und Ort
Straße und Hausnummer
Postleitzahl und Ort

Ich brauche mehr Hilfe

Sehr geehrter Herr Muster,

ich habe schon einen Betreuer.

Der kann mir aber nur bei Geld- Sachen helfen.
Ich brauche dazu noch Hilfe bei meinem Arzt.

Mit freundlichen Grüßen

Kurt Berg

Brief an meinen Betreuer. Ich bin nicht zufrieden.

10.02.2014

Vorname Nachname

Straße und Hausnummer

Postleitzahl und Ort

An

Herr oder Frau Nachname

Straße und Hausnummer

Postleitzahl und Ort

Ich bin nicht zufrieden mit Ihnen

Hallo Herr Frank,

ich bin nicht zufrieden

Sie haben etwas gemacht.

Damit war ich nicht einverstanden.

Bitte reden Sie mit mir darüber.

Liebe Grüße

Kurt Berg

Brief an meinen Betreuer. Ich brauche Geld

10.02.2016

Vorname Nachname
Straße und Hausnummer
Postleitzahl und Ort

An
Herr oder Frau Nachname
Straße und Hausnummer
Postleitzahl und Ort

Ich brauche Geld!

Hallo Herr Frank,
ich brauche Geld.
Ich möchte eine Hose kaufen.
Bitte überweisen Sie mir 50 EURO.

Liebe Grüße
Kurt Berg

Brief an meinen Betreuer. Ich brauche Hilfe

10.02.2016

Vorname Nachname
Straße und Hausnummer
Postleitzahl und Ort

An
Herr oder Frau Nachname
Straße und Hausnummer
Postleitzahl und Ort

Ich brauche Hilfe!

Hallo Herr Frank,
mir geht es nicht gut.
Ich habe ein Problem.
Es geht um Gesundheits- Sachen.
Bitte kommen Sie. Ich brauche Hilfe.

Liebe Grüße
Kurt Berg

Unterschrift

Meinen Betreuer um einen Termin bitten.

10.02.2014

Vorname Nachname
Straße und Hausnummer
Postleitzahl und Ort

An
Herr oder Frau Nachname
Straße und Hausnummer
Postleitzahl und Ort

Ich bitte Sie um einen Termin

Hallo Herr Frank,
bitte besuchen Sie mich bald.
Ich möchte mit Ihnen reden.
Es geht um Geld- Sachen.

Liebe Grüße
Kurt Berg

19. Wörterbuch

Schwere Worte leicht erklärt

Anhörung:

Man hört Ihre Meinung an.

Und fragt ob Sie einverstanden sind.

Aufgabenkreis:

So nennt man die Bereiche in denen der Betreuer hilft.

Antrag:

Eine geschriebene Bitte an eine Behörde.

Ärztliches Gutachten:

Eine Untersuchung von einem Arzt.

Ausschlagung:

Wenn man etwas erbt und das nicht haben möchte. Man muss das schriftlich dem Gericht sagen.

Behörde:

So nennt man den Arbeitsplatz von Menschen die für die Regierung in Deutschland arbeiten. Zum Beispiel:

Betreuungs-Behörde, Polizei-Behörde, Betreuungs-Gericht, Sozial-Amt.

Begründung:

Sagen warum man etwas tut oder nicht tut.

Bettgitter:

So nennt man einen Schutz am Bett, damit man nicht herausfällt.

Man kann mit diesem Schutz nicht ohne Hilfe aufstehen.

Datenschutz:

Der Betreuer darf niemanden etwas über Sie erzählen. Nur wenn Sie es dem Betreuer erlauben.

Einwilligungsvorbehalt:

Das bedeutet, dass man nur Sachen kaufen darf, wenn der Betreuer ja sagt. Essen,

trinken oder Süßigkeiten, die man jeden Tag braucht darf man auch so kaufen. Der

Betreuer muss nur bei großen und teuren Sachen sein JA geben.

Fixierung:

So wird festhalten oder festbinden gegen den Willen genannt.

Gesetz:

So nennt man Regeln. Diese Regeln gelten für alle Menschen in Deutschland.

Gericht:

So nennt man das Gebäude in dem die Richter arbeiten.

Genehmigung:

So nennt man die Erlaubnis die ein Betreuer von dem Richter bekommt.

Geschäftsfähigkeit:

Kinder bis 7 Jahre können nichts entscheiden.
Jugendliche von 7 bis 18 Jahren dürfen eingeschränkt entscheiden.
Erwachsene dürfen alles alleine entscheiden. Das nennt man volle Geschäftsfähigkeit.

Privat:

So nennt man Sachen oder Orte die nur für einen selbst bestimmt sind. Nicht privat sind Sachen oder Orte die für Jedermann bestimmt sind.

Paragraph §:

So nennt man einzelne Regeln in einem Gesetz-Buch. Jeder Paragraph hat eine Nummer.

Persönliche Daten:

So nennt man alle Informationen die mit einem Menschen in Verbindung stehen. Zum Beispiel: Name, Geburtstag, Konto-Nummer, Telefon-Nummer, Adresse.

Rechnungslegung:

Der Betreuer muss alle Kassen-Zettel oder Rechnungen dem Gericht zeigen. Das Gericht prüft dann ob der Betreuer alles richtig gemacht hat.

Stellungnahme:

Seine Meinung zu einer Sache sagen. Das macht man meistens schriftlich.

Schweigepflicht:

Man darf Geheimnisse nicht an andere verraten.

Unterbringung:

So nennt man einen Umzug in ein besonderes Heim gegen den Willen des Betreuten.

Überweisung:

So nennt man die Übertragung von Geld von einem Konto auf ein anderes Konto.

Vertrag:

So nennt man eine Vereinbarung zwischen 2 Parteien. Darin verspricht die eine Partei der anderen Partei etwas zu tun oder zu lassen.

Vermögen:

So nennt man alle Wert-Sachen die ein Mensch hat. Zum Beispiel Schmuck, Auto, Geld. Alles zusammen ist das Vermögen.

Volljährig:

So nennt man Menschen die 18 Jahre oder älter sind.

Vorsorge:

So nennt man alle Tätigkeiten die eine spätere Not-Lage vermeiden.

Vollmacht:

So nennt man eine Erlaubnis die man anderen Menschen gibt um wichtige Entscheidungen zu treffen. Eine Vollmacht muss geschrieben sein.

Widerruf:

Eine frühere Aussage oder Meinung zurück nehmen.